차례

KB117808

4권 엄마, 아빠와 함께 하는
한자 련습장

한자능력검정시험급수 6급	使	사람(人)과 관리(吏)로 이루어진 글자.	
	시킬 **사**	人(사람 인)부의 6획 총 8획	
		필순 使使使使使使使	

▶ 올바른 필순에 따라 써 보세요.

使	使	使	仁	仁	仨	侣	使	使
시킬 사								

▶ 使가 쓰인 낱말.

　사신(使臣) – 임금이나 국가의 명을 받아 외국에 가던 신하.
　사용(使用) – 사람이나 물건 등을 쓰거나 부림.

　　　　　　　　　　　　　　　　　　　　• 다른 낱말 써 보기

▶ 使가 쓰인 낱말을 써 보세요.

사 신

사 용

▶ 使가 『마법천자문』의 어떤 장면에서 사용되었는지 기억해 보세요.

4권

엄마, 아빠와 함께 하는
한자 연습장

한자능력검정시험급수 **6급**

樂

즐길 **락**

술대(白)와 두 줄의 현 (丝), 그리고 나무판(木)이 합하여 이루어진 글자로 '악기(현악기)'를 의미함.

木(나무 목)부의 11획 총 15획

필순 樂樂樂樂樂樂樂樂樂樂樂樂樂樂樂

▶ 올바른 필순에 따라 써 보세요.

樂	ノ	⺆	⺆	白	白	纟白	纟白	纟白
즐길 락								
幺白	幺白	幺白	幺白	樂	樂	樂		

▶ 樂이 쓰인 낱말.

낙원(樂園) - 아무 걱정 없이 살 수 있는 즐거운 곳.
국악(國樂) - 우리나라 고유의 음악.

• 다른 낱말 써 보기

▶ 樂이 쓰인 낱말을 써 보세요.

樂	園	樂	園	
낙 원				
國	樂	國	樂	
국 악				

▶ 樂이 『마법천자문』의 어떤 장면에서 사용되었는지 기억해 보세요.

한자능력검정시험급수 **7급**

時

때 **시**

해(日)와 움직여 일한다는 뜻의 시(寺)로 이루어진 글자로 계절, 때를 의미함.

日(날 일)부의 6획 총 10획

필순 時 時 時 時 時 時 時 時 時 時

▶ 올바른 필순에 따라 써 보세요.

時	時	時	時	時	時	時	時
때 시							
時	時						

▶ 時가 쓰인 낱말.

시계(時計) – 시간을 나타내는 기계나 장치.
시간(時間) – 어떤 시각에서 다른 시각까지의 샤이, 동안.

• 다른 낱말 써 보기

▶ 時가 쓰인 낱말을 써 보세요.

시 계

시 간

한자는 내게 맡겨!

▶ 時가 『마법천자문』의 어떤 장면에서 사용되었는지 기억해 보세요.

4권

엄마, 아빠와 함께 하는
한자 연습장

한자능력검정시험급수 6급

窓

창문 창

구멍(穴)과 창의 모양을 본뜬 글자(囱)로 이루어진 글자. 나중에 창(窓)으로 변했음.

穴(구멍 혈)부의 6획 총 11획

필순 窓窓窓窓窓窓窓窓窓窓窓

▶ 올바른 필순에 따라 써 보세요.

窓							
창문 창							
窓	窓	窓					

▶ 窓이 쓰인 낱말.

창문(窓門) – 빛이나 바람이 통하도록 벽에 낸 문.

창구(窓口) – 표나 입장권 등을 팔기 위해 만든 작은 창문.

• 다른 낱말 써 보기

▶ 窓이 쓰인 낱말을 써 보세요.

窓門	窓門	
창문		

窓口	窓口	
창구		

▶ 窓이 『마법천자문』의 어떤 장면에서 사용되었는지 기억해 보세요.

7

4권

엄마, 아빠와 함께 하는
한자 연습장

한자능력검정시험급수 5급	見 볼 견	눈(目)과 사람(人)으로 이루어진 글자. 사람의 신체에서 눈의 기능(보는 기능)을 강조하여 '보다'를 의미함. 見(볼 견)부의 0획 총 7획 필순 見見見見見見見

▶ 올바른 필순에 따라 써 보세요.

見 볼 견	見	見	月	目	目	貝	見

▶ 見이 쓰인 낱말.

견문(見聞) - 보고 들음.
견학(見學) - 구체적인 지식을 얻기 위하여 실제로 보고 배움.

• 다른 낱말 써 보기

▶ 見이 쓰인 낱말을 써 보세요.

한자는 내게 맡겨!

見聞 견문	見聞	
見學 견학	見學	

▶ 見이 『마법천자문』의 어떤 장면에서 사용되었는지 기억해 보세요.

4권

엄마, 아빠와 함께 하는
한자 연습장

한자능력검정시험급수 6급

古

옛 고

방패(中→十)와 입(口)으로 이루어진 글자.
'옛날 전쟁 이야기를 하다'라는 뜻에서 '옛날',
'오래 되다'의 뜻을 갖게 됨.

口(입 구)부의 2획 총 5획

필순 古古古古古

옛날 옛날에...

▶ 올바른 필순에 따라 써 보세요.

古	一	十	古	古	古		
옛 고							

▶ 古가 쓰인 낱말.

고물(古物) - 낡은 물건.

고전(古典) - 후세 사람들의 모범이 될 만한 가치를 지닌 작품.

• 다른 낱말 써 보기

▶ 古가 쓰인 낱말을 써 보세요.

古	物	古	物	
고물				
古	典	古	典	
고전				

한자는 내게 맡겨!

▶ 古가 『마법천자문』의 어떤 장면에서 사용되었는지 기억해 보세요.

緩

실(糸)과 여유가 있다는 뜻(爰)으로 이루어진 글자. '맺은 끈을 느슨하게 하다'를 의미함.

糸(실 사)부의 9획 총 15획

느릴 완

필순 緩緩緩緩緩緩緩緩緩緩緩緩緩緩緩

▶ 올바른 필순에 따라 써 보세요.

緩							
느릴 완							

▶ 緩이 쓰인 낱말.

완화(緩和) - 급박하고 긴장된 상태를 다소 누그러뜨림.

완만(緩慢) - 산이나 언덕의 경사가 가파르지 않다.

• 다른 낱말 써 보기

▶ 緩이 쓰인 낱말을 써 보세요.

緩 和	緩 和
완 화	
緩 慢	緩 慢
완 만	

▶ 緩이 『마법천자문』의 어떤 장면에서 사용되었는지 기억해 보세요.

4권

엄마, 아빠와 함께 하는
한자 연습장

한자능력검정시험급수 6급

明

밝을 **명**

해(日)와 달(月)로 이루어진 글자. 합하여 '밝다'는 뜻을 나타냄.

日(날 일)부의 4획 총 8획 ·

필순 明 明 明 明 明 明 明 明

▶ 올바른 필순에 따라 써 보세요.

明	丨	冂	刖	日	旫	明	明	明
밝을 명								

▶ 明이 쓰인 낱말.

명암(明暗) – 밝음과 어두움.
명랑(明朗) – 밝고 쾌활함.

● 다른 낱말 써 보기

▶ 明이 쓰인 낱말을 써 보세요.

明 暗	明 暗	
명암		

明 朗	明 朗	
명랑		

▶ 明이 『마법천자문』의 어떤 장면에서 사용되었는지 기억해 보세요.

엄마, 아빠와 함께 하는
한자 연습장

한자능력검정시험급수 6급

今

어떤 것을 덮어씌운 모습을 본뜬 글자.
뒤에 '지금'의 뜻으로 바뀜.

人(사람 인)부의 2획 총 4획

이제 금   필순 今今今今

▶ 올바른 필순에 따라 써 보세요.

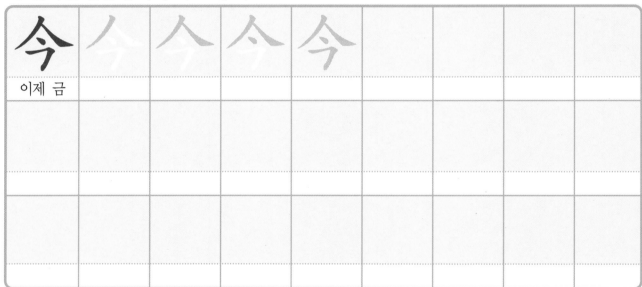

今 (이제 금)

▶ 今이 쓰인 낱말.

금방(今方) - 어떤 일이 진행되는 바로 지금.
금년(今年) - 올해.

• 다른 낱말 써 보기

▶ 今이 쓰인 낱말을 써 보세요.

금방

금년

▶ 今이 『마법천자문』의 어떤 장면에서 사용되었는지 기억해 보세요.

4권 엄마, 아빠와 함께 하는
한자 연습장

한자능력검정시험급수 6급	溫 따뜻할 온	물(氵)과 따뜻하다(昷)로 이루어진 글자로 '따뜻한 물', '따뜻하다'를 의미함. 氵(물 수, 삼수변)부의 10획 총 13획	

필순 溫溫溫溫溫溫溫溫溫溫溫溫溫

▶ 올바른 필순에 따라 써 보세요.

溫 따뜻할 온	氵	氵	氵	氵	氵	氵	溫
氵	氵	溫	溫	溫			

▶ 溫이 쓰인 낱말.

온도(溫度) - 덥고 찬 정도, 온도계가 나타내는 도수.

온정(溫情) - 따뜻한 인정.

• 다른 낱말 써 보기

▶ 溫이 쓰인 낱말을 써 보세요.

溫度	溫度	
온도		

溫情	溫情	
온정		

▶ 溫이 『마법천자문』의 어떤 장면에서 사용되었는지 기억해 보세요.

★ 만화 속에 숨어 있는 한자를 찾아보세요.

중간평가 1

1. 관계 있는 것끼리 이으세요.

- 음 -   - 한자 -   - 뜻 -

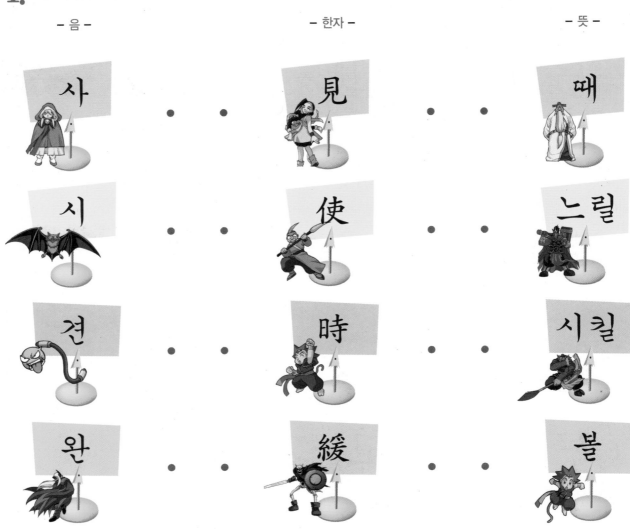

2. 한자와 음이 바르게 짝지어진 것을 골라 'O'표 해 보세요.

❶ 樂, 락   樂, 구

❷ 窓, 금   窓, 창

3. 빈 칸에 알맞은 한자, 뜻, 소리를 써 넣으세요.

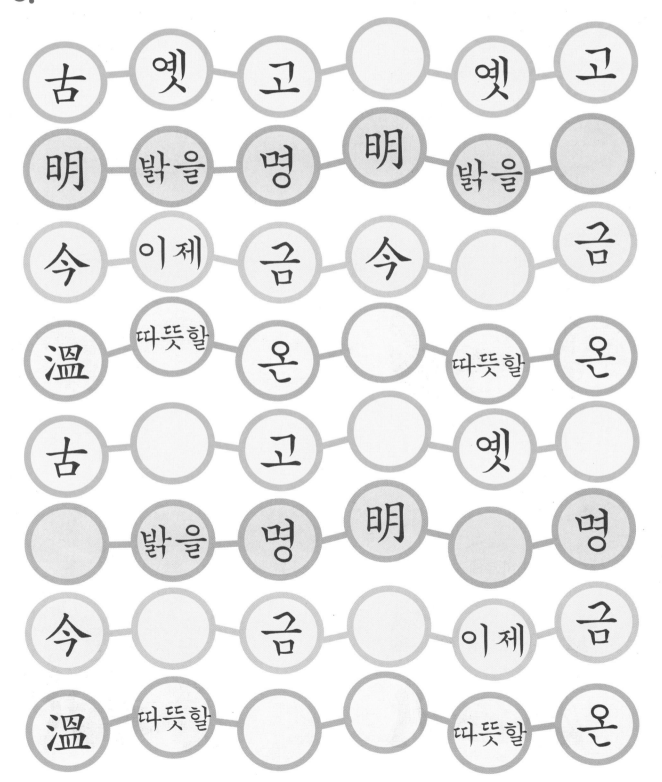

古	옛	고		옛	고
明	밝을	명	明	밝을	
今	이제	금	今		금
溫	따뜻할	온		따뜻할	온
古		고		옛	
	밝을	명	明		명
今		금		이제	금
溫	따뜻할			따뜻할	온

★ 한자의 음, 뜻을 써 보세요.

깨져라!
깨뜨릴
파 破!

막을 방 防
마법이 깨지다니…
혼세마왕! 너!

깨져라!

앗,
그 뜻이었구나!
손오공, 절벽
쪽으로 유인해!

미끌미끌!
기름 유
油!

우왓 미끄러워!

미끌미끌!

둥글게!
공 구
球!

둥글게!

움직여라!
움직일 동
動!

바위가 있던
자리에 문이
있어요!

움직여라!

울려라!
소리 음
音!

울려라!

18

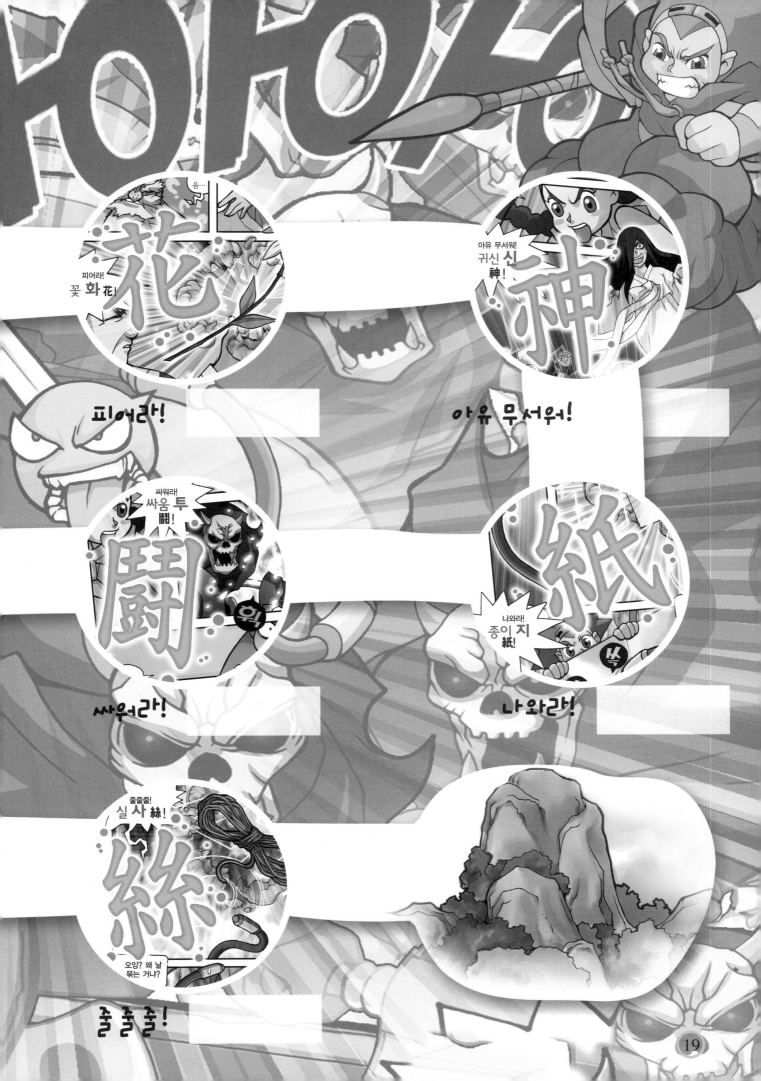

엄마, 아빠와 함께 하는
한자 연습장

한자능력검정시험급수 4급

破

돌(石)과 음을 나타내는 피(皮)로 이루어진 글자로 돌이 파도처럼 부서지는 것을 의미함.

石(돌 석)부의 5획 총 10획

깨뜨릴 **파**

필순 破破破破破破破破破破

▶ 올바른 필순에 따라 써 보세요.

破	破	破	破	破	破	破	破
깨뜨릴 파							
破	破						

▶ 破가 쓰인 낱말.

파괴(破壞) – 쓰지 못하도록 깨뜨려 허묾.

파격(破格) – 습관이 된 사례나 격식을 깨뜨림.

• 다른 낱말 써 보기

▶ 破가 쓰인 낱말을 써 보세요.

破 壞	破 壞	
파 괴		

破 格	破 格	
파 격		

▶ 破가 『마법천자문』의 어떤 장면에서 사용되었는지 기억해 보세요.

엄마, 아빠와 함께 하는
한자 연습장

한자능력검정시험급수 7급

花

꽃 **화**

풀(艹)과 음을 나타내는 화(化)로 이루어진 글자로 풀과 나무가 바뀌어 꽃이 되는 것을 의미함.

艹 (풀 초, 초두머리)부의 4획 총 8획

필순 花花花花花花花花

▶ 올바른 필순에 따라 써 보세요.

花							
꽃 화							

▶ 花가 쓰인 낱말.

화분(花盆) – 화초를 심어 가꾸는 분, 꽃분.
화원(花園) – 꽃을 심은 동산, 꽃동산.

• 다른 낱말 써 보기

▶ 花가 쓰인 낱말을 써 보세요.

花 盆	花 盆	
화분		

花 園	花 園	
화원		

▶ 花가 『마법천자문』의 어떤 장면에서 사용되었는지 기억해 보세요.

4권 엄마, 아빠와 함께 하는
한자 연습장

한자능력검정시험급수 **6급**

神

귀신 신

제단(示)과 번개 치대(申)로 이루어진 글자.
처음엔 '하늘의 신'을 가리켰으나 일반적인
'신'을 의미하게 됨.

示(보일 시)부의 5획 총 10획

필순 神神示神示神示神示神

▶ 올바른 필순에 따라 써 보세요.

神
귀신 신

▶ 神이 쓰인 낱말.

신동(神童) - 여러 가지 재주와 지혜가 남달리 뛰어난 아이.
신화(神話) - 국가나 민족의 역사 등에 관한 신성한 이야기.

• 다른 낱말 써 보기

▶ 神이 쓰인 낱말을 써 보세요.

神童 神童
신동

神話 神話
신화

▶ 神이 『마법천자문』의 어떤 장면에서 사용되었는지 기억해 보세요.

紙	실(糸)과 음을 나타내는 지(氏)로 이루어진 글자로 섬유를 납작하게 하여 만든 종이를 의미함.
	糸(실 사)부의 4획 총 10획

한자능력검정시험급수 7급

종이 **지**   **필순** 紙紙紙紙紙紙紙紙紙紙

▶ 올바른 필순에 따라 써 보세요.

紙	⺯	⺯	⺯	糸	糸	糸	糸	紙
종이 지								
紙	紙							

▶ 紙이 쓰인 낱말.

휴지(休紙) - 못 쓰게 된 종이, 또는 화장지.
편지(便紙) - 상대방에게 전하고 싶은 말을 적어 보내는 글.

• 다른 낱말 써 보기

▶ 紙이 쓰인 낱말을 써 보세요.

休 紙	休 紙	
휴 지		

便 紙	便 紙	
편 지		

▶ 紙이 『마법천자문』의 어떤 장면에서 사용되었는지 기억해 보세요.

4권 엄마, 아빠와 함께 하는 한자 연습장

한자능력검정시험급수 4급

鬪

싸움 투

두 사람이 마주 서서 싸우는 모양을 본뜬 글자.

鬥(싸울 투)부의 10획 총 20획

필순 鬪

▶ 올바른 필순에 따라 써 보세요.

鬪							
싸움 투							

▶ 鬪가 쓰인 낱말.

권투(拳鬪) – 양 손에 글러브를 끼고 상대방의 상반신을 치고 막는 운동.

투쟁(鬪爭) – 상대편을 이기려고 싸움.

• 다른 낱말 써 보기

▶ 鬪가 쓰인 낱말을 써 보세요.

권투

투쟁

▶ 鬪가 『마법천자문』의 어떤 장면에서 사용되었는지 기억해 보세요.

24

엄마, 아빠와 함께 하는
한자 연습장

한자능력검정시험급수 6급

球

공 구

옥(玉)과 음을 나타내는 구(求)로 이루어진 글자로 옥을 공처럼 둥글게 한다는 의미.

玉(구슬 옥)부의 7획 총 11획

필순 球球球球球球球球球球球

▶ 올바른 필순에 따라 써 보세요.

球	ㄱ	ㄲ	干	王	玉	玏	玑	玣
공 구								
球 球 球								

▶ 球가 쓰인 낱말.

지구(地球) – 우리가 살고 있는 천체.

구기(球技) – 축구, 야구 등 공을 가지고 하는 운동 경기.

• 다른 낱말 써 보기

▶ 球가 쓰인 낱말을 써 보세요.

地 球	地 球	
지구		
球 技	球 技	
구 기		

▶ 球가 『마법천자문』의 어떤 장면에서 사용되었는지 기억해 보세요.

엄마, 아빠와 함께 하는
한자 연습장

4권

한자능력검정시험급수 6급	油	물(氵)과 음을 나타내는 유(由)로 이루어진 글자. 氵(물 수, 삼수변)부의 5획 총 8획	
	기름 **유**	**필순** 油油油油油油油油	

▶ 올바른 필순에 따라 써 보세요.

油	油	油	油	油	油	油	油
기름 유							

▶ 油가 쓰인 낱말.

　식용유(食用油) – 먹을 수 있는 기름.

　석유(石油) – 지하에서 솟아나는 물질로 휘발유 따위를 만듦.

• 다른 낱말 써 보기

▶ 油가 쓰인 낱말을 써 보세요.

食用油	食用油	
식용유		

石油	石油	
석유		

한자는 내게 맡겨!

앗, 그 뜻이었구나! 손오공, 절벽 쪽으로 유인해!

미끌미끌! 기름 **유** 油!

▶ 油가 『마법천자문』의 어떤 장면에서 사용되었는지 기억해 보세요.

4권

엄마, 아빠와 함께 하는
한자 연습장

動	무거운 물건(重)에 힘(力)을 가한다는 데서 '움직이다' 라는 뜻을 나타냄. 力(힘 력)부의 9획 총 11획	
한자능력검정시험급수 7급　움직일 동	**필순** 動動動動動動動動動動動	

▶ 올바른 필순에 따라 써 보세요.

動	一	二	亻	台	台	台	盲	重
움직일 동								
重	動	動						

▶動이 쓰인 낱말.

　감동(感動) – 깊이 느끼어 마음이 움직임.

　이동(移動) – 움직여서 자리를 옮김.

● 다른 낱말 써 보기

▶動이 쓰인 낱말을 써 보세요.

感	動	感	動		
감동					

移	動	移	動		
이동					

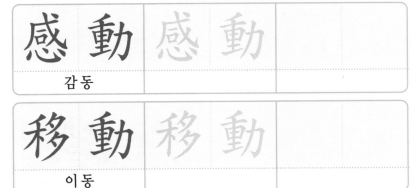

한자는 내게 맡겨!

움직여라!
움직일 동
動!

▶動이 『마법천자문』의 어떤 장면에서 사용되었는지 기억해 보세요.

한자능력검정시험급수 6급

音

소리 음

의미를 지닌 소리(言)의 'ㅁ' 속에 'ㅡ'을 넣어 목청을 울려 나는 소리를 의미함

音(소리 음)부의 0획 총 9획

필순 音音音音音音音音音

▶ 올바른 필순에 따라 써 보세요.

音	音	音	音	音	音	音	音	音
소리 음								
音								

▶ 音이 쓰인 낱말.

音聲(음성) - 사람의 발음 기관에서 나오는 소리, 목소리.

音響(음향) - 소리의 울림, 울리어 귀로 느끼게 되는 소리.

• 다른 낱말 써 보기

▶ 音이 쓰인 낱말을 써 보세요.

音 聲	音 聲	
음 성		
音 響	音 響	
음 향		

▶ 音이 『마법천자문』의 어떤 장면에서 사용되었는지 기억해 보세요.

엄마, 아빠와 함께 하는
4권 한자 련습장

한자능력검정시험급수 4급

絲
실 사

누에에서 나온 명주실을 두가닥으로 꼰 모양을 본뜬 글자.

糸(실 사)부의 6획 총 12획

필순 絲絲絲絲絲絲絲絲絲絲絲絲

▶ 올바른 필순에 따라 써 보세요.

絲	ㄥ	ㄠ	幺	糸	糸	糸	糸	絲
실 사								
絲	絲	絲	絲					

▶ 絲가 쓰인 낱말.

견사(絹絲) − 비단을 짜는 명주실.
철사(鐵絲) − 가늘고 긴 금속 줄.

• 다른 낱말 써 보기

▶ 絲가 쓰인 낱말을 써 보세요.

絹 絲	絹 絲	
견사		
鐵 絲	鐵 絲	
철사		

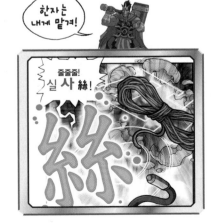

▶ 絲가 『마법천자문』의 어떤 장면에서 사용되었는지 기억해 보세요.

★ 만화 속에 숨어 있는 한자를 찾아보세요.

중간평가 2

1. 관계 있는 것끼리 이으세요.

－음－ 　　　　　　 － 한자 － 　　　　　　 － 뜻 －

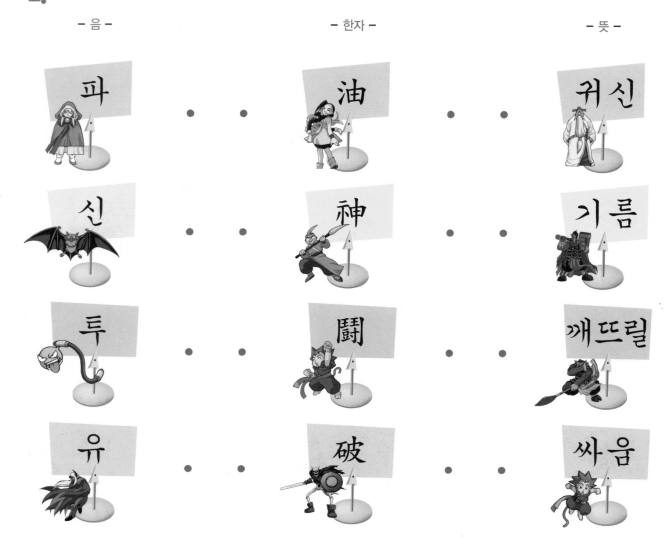

파	油	귀신
신	神	기름
투	鬪	깨뜨릴
유	破	싸움

2. 한자와 음이 바르게 짝지어진 것을 골라 'O'표 해 보세요.

❶ 花, 명 　　 花, 화 　　　　　❷ 紙, 사 　　 紙, 지

32

3. 빈 칸에 알맞은 한자, 뜻, 소리를 써 넣으세요.

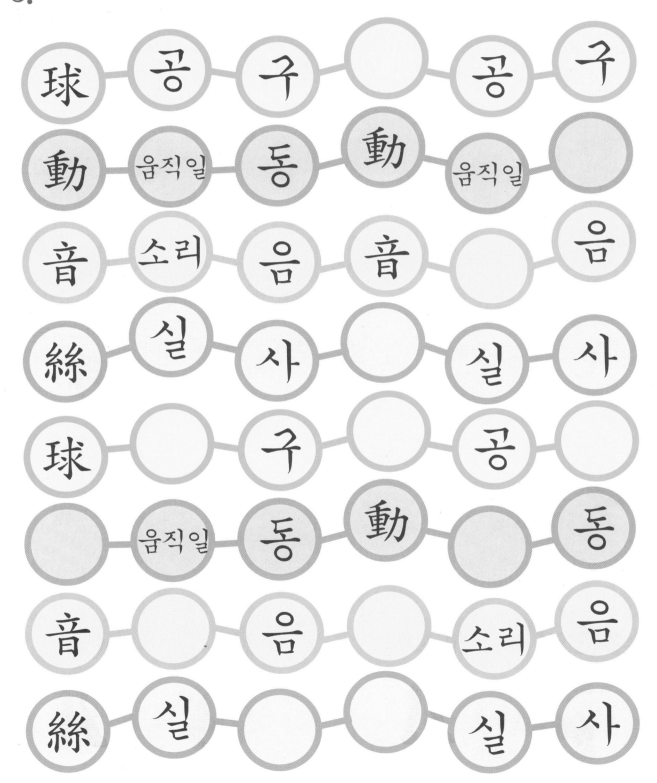

球	공	구		공	구
動	음직일	동	動	음직일	
音	소리	음	音		음
絲	실	사		실	사
球		구		공	
	음직일	동	動		동
音		음		소리	음
絲	실			실	사

최종형성평가

1. 다음 한자의 훈과 음을 쓰세요.

(1) 使 (　　　　　)

(2) 樂 (　　　　　)

(3) 時 (　　　　　)

(4) 窓 (　　　　　)

(5) 見 (　　　　　)

(6) 古 (　　　　　)

(7) 緩 (　　　　　)

(8) 明 (　　　　　)

(9) 今 (　　　　　)

(10) 溫 (　　　　　)

(11) 破 (　　　　　)

(12) 花 (　　　　　)

(13) 神 (　　　　　)

(14) 紙 (　　　　　)

(15) 鬪 (　　　　　)

(16) 球 (　　　　　)

(17) 油 (　　　　　)

(18) 動 (　　　　　)

(19) 音 (　　　　　)

(20) 絲 (　　　　　)

2. 다음 한자어를 우리말로 바꿔 보세요.

(1) 使臣 (　　　　)

(2) 樂園 (　　　　)

(3) 時計 (　　　　)

(4) 窓門 (　　　　)

(5) 見聞 (　　　　)

(6) 古物 (　　　　)

(7) 緩和 (　　　　)

(8) 明暗 (　　　　)

(9) 今方 (　　　　)

(10) 溫度 (　　　　)

(11) 破壞 (　　　　)

(12) 花盆 (　　　　)

(13) 神童 (　　　　)

(14) 休紙 (　　　　)

(15) 拳鬪 (　　　　)

(16) 地球 (　　　　)

(17) 食用油 (　　　　)

(18) 感動 (　　　　)

(19) 音聲 (　　　　)

(20) 絹絲 (　　　　)

3. 다음 밑줄 친 단어를 한자로 쓰세요.

(1) 전자 제품을 구입하면 우선 사용법을 잘 살펴보아야 한다. (   )

(2) 어제는 박물관으로 견학을 다녀왔다. (   )

(3) 지환이는 항상 명랑하다. (   )

(4) 집 앞 화원에는 예쁜 꽃들이 활짝 피어 있다. (   )

(5) 학교에 와 보니 책상 위에 편지 한 장이 놓여 있었다. (   )

4. 다음 한자어의 뜻을 쓰세요.

(1) 國樂 : _____

(2) 今年 : _____

5. 빈칸에 들어갈 한자를 찾아보세요.

(1) 食用( )

① 水   ② 火   ③ 音   ④ 油

35

답안지

1. 관계 있는 것끼리 이으세요.

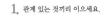

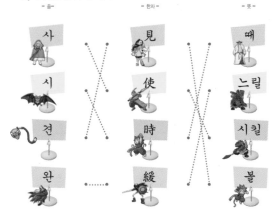

2. 한자와 음이 바르게 짝지어진 것을 골라 'O'표 해 보세요.

3. 빈 칸에 알맞은 한자, 뜻, 소리를 써 넣으세요.

1. 관계 있는 것끼리 이으세요.

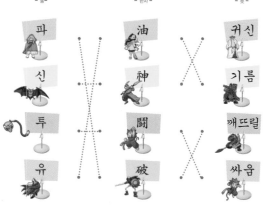

2. 한자와 음이 바르게 짝지어진 것을 골라 'O'표 해 보세요.

3. 빈 칸에 알맞은 한자, 뜻, 소리를 써 넣으세요.

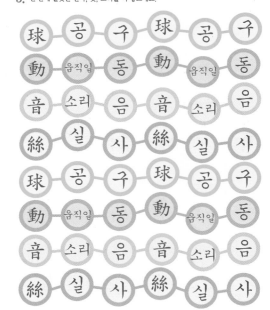

1. (1) 시킬 사 (2) 즐길 락 (3) 때 시 (4) 창문 창 (5) 볼 견 (6) 옛 고 (7) 느릴 완 (8) 밝을 명 (9) 이제 금 (10) 따뜻할 온 (11) 깨뜨릴 파 (12) 꽃 화 (13) 귀신 신 (14) 종이 지 (15) 싸움 투 (16) 공 구 (17) 기름 유 (18) 움직일 동 (19) 소리 음 (20) 실 사

2. (1)사신 (2)낙원 (3)시계 (4)창문 (5)견문 (6)고물 (7)완화 (8)명암 (9)금방 (10)온도 (11)파괴 (12)화분 (13)신동 (14)휴지 (15)권투 (16)지구 (17)식용유 (18)감동 (19)음성 (20)견사

3. (1) 使用 (2) 見學 (3) 明朗 (4) 花園 (5) 便紙

4. (1) 우리나라 고유의 음악.
   (2) 올해.

5. ④